KB209142

하루 1분
마음 챙김

당신이 고통스러운 것은 이 세상에서
얻을 수 없는 것을 원하기 때문입니다.

Suffering is asking from the world
what it can't give you.

바쁜 사람은
할 일이 많은
사람이 아닙니다.

A busy person is not
someone who has
lots to do.

동시에
너무 여러 가지
일을 하는
사람을 말합니다.

A busy person is
someone who does
too many things
at the same time.

누군가 당신에게 화를 낸다면
당신보다 자기 자신에게
더 화를 내고 있는 것입니다.

When someone gets angry with you
it says more about them
than it says about you.

좋은 것?

Good?

나쁜 것?

Bad?

누가 정확히 알 수 있나요?

Who knows?

사랑은 단순히 누군가를 좋아하는 것이 아닙니다.
그것은 누구나 할 수 있습니다.
사랑은 때로 당신이 싫어하는 부분까지
사랑하는 것입니다.

Love is not liking somebody.
Anyone can do that.
Love is loving things
that sometimes you don't like.

날씨가 더울 때는 시원한 마음을 유지하십시오.

When the weather is hot, keep a cool mind.

날씨가 추울 때는 따뜻한 마음을 유지하십시오.

When the weather is cold, keep a warm heart.

명상은 운동과 같아서
그 안에서 평온과 통찰력과
강력한 정신력을 키울 수 있습니다.

Meditation is like a gym
in which you develop the powerful
mental muscles of calm and insight.

현명한 사람이란
결코 실수를 하지 않는 사람이 아니라,
자신을 용서하고 배우는 사람입니다.

The wise are not people
who never make mistakes,
but those who forgive themselves and learn.

불평은 결점을
찾는 것이고

Complaining
is finding faults.

지혜는 해결책을
찾는 것입니다.

Wisdom
is finding solutions.

당신이 무엇을 하든지 어디를 가든지,
나의 마음의 문은 언제나 당신에게 열려져 있을 것입니다.

Whatever you do, wherever you go,
the door of my heart will always be open to you.

당신이 조금 내려놓으면 당신은 조금 평화로워질 것입니다.
당신이 많이 내려놓으면 당신은 많이 평화로워질 것입니다.
당신이 완전히 내려놓는다면
완전한 평화와 자유를 알게 될 것입니다.
당신과 세상과의 투쟁은 끝날 것입니다.

If you let go a little, you'll have a little peace.
If you let go a lot, you'll have a lot of peace.
If you let go completely,
you'll know complete peace and freedom.
Your struggles with the world
will have come to an end.

기억하십시오. 침묵은 수줍어합니다.
당신이 침묵에 대해 이야기하는 것을 듣는다면
침묵은 그 즉시 사라질 것입니다.

Remember, silence is shy.
If silence hears you talking about her,
she vanishes immediately.

1. 가장 중요한 시기는 언제인가요?
   지금.

1. When is the most important time?
   Now.

2. 가장 중요한 사람은 누구입니까?
   당신과 함께 있는 사람.

2. Who is the most important person?
   The one you are with.

3. 가장 중요한 일은 무엇인가요?
   관심을 가져주는 것.

3. What is the most important thing to do?
   To care.

육체적 아픔은 피할 수 없습니다.
하지만 마음의 고통은 선택 사항입니다.

Physical pain is inevitable.
Suffering is optional.

인생은 한 세트의 개념이 아니라,
서로 얽힌 이야기의 연속입니다.

Life is a series of interwoven stories,
not a set of concepts.

이 또한 지나가리라

This too will pass.

기대가 낮을수록,
화도 적어집니다.

Less expectation,
less anger.

당신이 어떤 일이 일어나리라 예측하든간에,
항상 그와 다른 일이 일어나게 될 것입니다.

Whatever you think it's going to be,
it will always be something different.

삶의 비밀은…
모든 것이 통제불능이라는 것입니다!

The secret of life is…
everything is out of control!

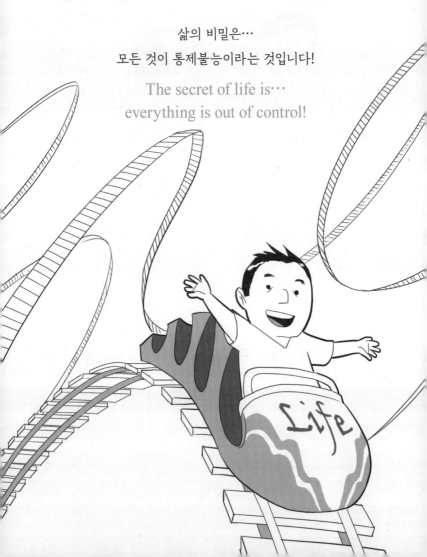

당신의 삶은 언젠가 끝나기에
매 순간 아주 소중합니다.

It's because your life will one day come to an end
that each moment is so precious.

우리는 항상 우리의 파트너가 가진
단점들에 대해 감사해야 합니다.
왜냐하면 처음부터 그런 단점이 없었다면
파트너는 우리보다 훨씬 더 나은 사람과
결혼했을 것이기 때문입니다.

We should always be grateful for
the faults in our partner
because if they didn't have those faults from the start,
they would have married
someone much better than us.

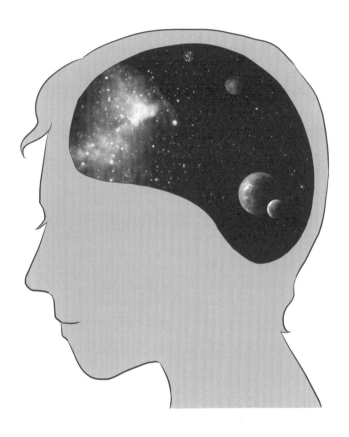

세상에서 가장 큰 것은 마음입니다.

The biggest thing in the world is mind.

나는 항상 진정한 친구–나 자신과 함께하기 때문에
결코 외롭지 않습니다.

I never feel lonely because I am always
accompanied by a true friend—me.

당신의 사고방식을 바꾸면,
당신은 세상을 다르게 볼 수 있습니다.
이 세상에는 절대적인 선이나 절대적인 악은 없습니다.

Change your mindset,
and you will see the world differently.
There is no absolute good or bad in this world.

미래는 지금 이 순간에 만들어집니다.
그러므로 미래에 대해 걱정하는 것은
미래를 무시하는 것과 같습니다.

The future is made right at this moment.
Thus worrying about the future
is the same as neglecting your future.

분노는 영리한 반응이 아닙니다.

Anger is not a clever response.

마음의 모든 동요는
생각하고 통제하고 관리하는
'자아'의 망상으로부터 비롯된 것입니다.

All the disturbance in the mind
come from the delusion of a 'self'
that thinks, controls and manages.

가치관에 대한 집착은 고통을 끝내는 길에
들어가지 못하게 합니다.

Attachment to views will stop one
from even getting onto the path to ending suffering.

030

어둠에 대해 불평하기보다는
촛불을 밝히는 것이 더 좋습니다.

Better to light a candle
than complain about the darkness.

희망을 가지세요.
긍정적 성향은 당신에게 희망을 주고
부정적 성향은 당신에게 두려움을 줍니다.

Be hopey!
Positivity gives you hope.
Negativity gives you fear.

032

계획을 줄이고 마음의 흐름을 따라가세요.

Plan less and go with the flow.

갈망이야말로 마음을 흔듭니다.
갈망이 끝날 때 진정한 평화가 있습니다.

Craving is what moves the mind.
In the ending of craving lies true peace.

갈망은 당신을 고통으로 이끕니다.

Craving leads to suffering.

내려놓음은 당신을 평화로 이끕니다.

Letting go leads to peace.

다른 곳에 가려고 하지 마세요.
그냥 여기에 있으세요.

Don't go anywhere.
Just be here.

036

지금 여기 이 순간에 머무르세요.
지금 이 순간이 평화를 찾을 수 있는 유일한 곳이기 때문입니다.

Dwell in the present moment,
because this is the only place you will find peace.

몸이 아프더라도
마음까지 아플 필요는 없습니다.

Even though the body is sick,
the mind doesn't need to be sick.

두려움은 무엇이 잘못될까에 집중하는 것입니다.
무엇이 제대로 될 수 있는지에 집중하는 게 어떨까요?

Fear is focusing on what could go wrong.
How about focusing on what could go right?

악의를 품지 마세요.
인정하고 용서하세요.
그리고 배우세요.

Don't harbour ill will.
Acknowledge.
Forgive. Learn.

당신이 머무르고 싶지 않은
어떤 상황이라도
모두 감옥입니다.

Prison is any situation
where you don't want to be.

진정한 자유는
욕망의 자유가 아니라
욕망으로부터의 자유입니다.

The real freedom
is freedom from desire,
not freedom of desire.

슬픔은 잃어버린 것에 대해 우리가 덧붙이는 것입니다.

Grief is what we add on to the loss.

슬픔은 빼앗긴 것에 초점을 맞추는 것입니다.

Grief is focusing on what has been taken away.

당신이 무엇을 하든,
당신이 무엇을 가지고 있든
모든 것을 쏟으십시오.

Whatever you are doing,
give it all you've got.

살면서 때로는,
성인군자도 친절하게 경고를 해야 할 때가 있습니다.
하지만 아무나 물어뜯을 필요까진 없습니다.

Sometimes in life,
even saints have to "hiss" to be kind.
But no one needs to bite.

여러분은 몇 번이나
누군가를 용서해야 할까요?
항상 "한 번 더" 하시면 됩니다.

How many times
should you forgive someone?
Always "one more time".

나쁜 점 대신 좋은 점에 초점을 맞추세요.
그러면 우리는 다른 사람들과 함께
더 행복해질 것입니다.

Focus on the good bricks instead of the bad bricks.
Then we will be happier
with ourselves and others.

당신 자신 또는 당신의 파트너,
또는 대체적으로 인생에서 실수로 보이는 것들이
오히려 당신의 인생을 풍요롭게 만드는
'독특한 특징'이 될 수 있습니다.

What you might see as mistakes
in yourself or your partner,
or in life in general, can become
'unique features', enriching your time here.

행복은 마음의 상태일 뿐입니다.
당신은 당신의 마음 상태를 바꿀 수 있습니다.

Happiness is a state of mind.
You can change your state of mind.

화합은 올바른 것보다 훨씬 더 중요합니다.

Harmony is much more important than being right.

자존심과
자의식은
우리의 망상을 키우고
불행을 만듭니다.

The sense of self,
the sense of ego,
feeds our delusion
and creates unhappiness.

일이 힘들기 때문에,
매주 보상을 받는 것입니다.

Because work is suffering,
you receive compensation every week.

인생에서 가장 힘든 점은
그것에 대해 생각만 하는 것입니다.

The hardest part of anything in life
is thinking about it.

당신이 더 많은 것을 원하는 한,
이미 가지고 있는 것을 즐기지 못하게 될 것입니다.

As long as you want more,
you will not enjoy what you have already.

항상 판단하려고 하면
행복을 찾기 어렵고
지혜를 얻을 수도 없습니다.

If you are always judging,
you will find no happiness
and you have no wisdom.

침묵이 개선되지 않는다면
묵언하십시오.

Don't speak unless you can
improve on the silence.

당신이 좋아하는 사람을 사랑하는 것은 쉽습니다.

Loving someone you like is easy.

당신이 좋아하지 않는 사람을 사랑하려면
현명하고 자애로운 노력이 필요합니다.

Loving someone you don't like
requires wise and compassionate effort.

친절하세요.
온화해지세요.
그리고, 화해하세요.

Be kind. Be gentle.
Make peace.

다른 사람을 사랑하듯 자신을 사랑하십시오.

Love yourself as you would love others.

지혜는 배우는 것이 아니라
아무도 가르쳐주지 않는 것을 명확하게 보는 것입니다.

Wisdom is not learning
but seeing clearly what can never be taught.

병을 잘못된 것으로 여길 때마다,
불쾌함에 불필요한 스트레스와
고통이 추가됩니다.

Whenever you perceive sickness as something
wrong, you add unnecessary stress and suffering
on top of the unpleasantness.

우리 내면에 행복이 없을 때,
우리는 다른 사람들에게 행복을 줄 수 없습니다.

When we have no happiness within,
we have no happiness to give others.

당신이 실수를 하게되면, 그냥 웃으세요!
그렇게 하면, 아무도 당신을 비웃지 않습니다.
그들은 당신과 함께 웃고 있을 것입니다.

When you make a mistake, laugh!
That way, no one is laughing at you,
they are laughing with you.

해야 될 일이 없으면,
아무것도 하지 마십시오!

When there is nothing to do,
do nothing!

당신이 진정으로 배우자를 사랑했다면,
당신의 사랑은 무조건적일 것입니다.

If you truly loved your spouse,
your love would be unconditional.

당신이 무언가를 통제하지 않을 때,
삶을 혼란스럽게 만드는 것을 멈출 수 있습니다.
그렇게 되면 삶 또한 당신을 방해하지 않을 것입니다.

When you stop controlling things,
you stop disturbing life. And then life
stops disturbing you.

흠을 찾는 마음을 가지면
행복해지기 어렵습니다.

A fault-finding mind
will not bring happiness.

주식 시장이 하락하면
영적인 가치가 올라갑니다.

When the stock market goes down,
spiritual values go up.

당신이 기대를 하지 않을 때,
당신은 더 감사하게 됩니다.

When you expect less,
you appreciate more.

업보를 간단히 말하면 무엇일까요?
당신이 마땅히 받아야 할 모든 것을 얻게 되는 것입니다.

What is the law of karma in short?
You get everything you deserve.

유일하게 확실한 것은… 미래는 불확실하다는 것입니다.
그러니 미래에 대해 걱정하느라 시간을 낭비하지 마십시오.

The only certainty is… the future is uncertain.
So don't waste time worrying about it.

당신의 인생에서도 다른 사람들과 마찬가지로
유쾌하지 않은 사건이 일어날 수 있습니다.
당신이 그것들에 어떻게 반응하는가에 따라
차이가 날 수 있습니다.

You can expect unpleasant
events to happen in life.
They happen to everyone.
The difference is in how you respond to them.

고통은 우리가 가진 것과
우리가 원하는 것의 차이입니다.

Suffering is the gap between what
we have and what we desire.

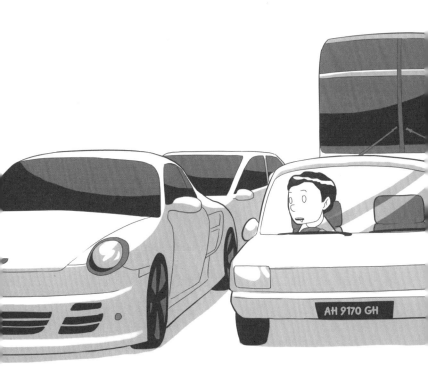

이 세상에는 행복이 있습니다.

There is happiness in the world.

그리고 그 행복은 우리 내면에 있습니다.

And that happiness is inside of us.

진정한 행복으로 가는 길,
고통의 끝으로 가는 길은
갈망에서 해방되어
모두 내려놓는 것입니다.

The path to real happiness,
the path to the end of suffering,
is the path of letting go,
to be free from craving.

세상에서 가장 아름다운
소리는 고요한 침묵입니다.

The most beautiful sound
in the world is silence.

당신이 욕망들에게 굴복할수록,
욕망은 당신에게
더 많은 것을 요구할 것입니다.

The more you give
in to the cravings of the mind,
the more they will demand of you.

걱정은 행복을 훔치는 진짜 도둑입니다.
걱정은 인생을 즐기지 못하게 만들 뿐,
당신의 미래를 바꾸지 못합니다.

Worry is a real thief of happiness.
It takes you away from enjoying life,
yet it doesn't change the future.

이 세상에는 옳고 그른 결정이란 것은 없고,
다만 결과가 있는 결정만 있을 뿐입니다.

There are no right or wrong decisions,
only decisions with consequences.

침묵하는 법을 배우면
당신이 너무 말을 많이 했다는 것을
알게 될 것입니다.

Learn to be silent
and you will notice that
you have talked too much.

과거와 미래를 내려놓을 때,
우리는 현재의 순간에 남아 있게 됩니다.

When we let go of the past and the future,
we are left with the present moment.

082

여러분의 지식이 진리의 길을
방해하지 못하게 하십시오.

Never allow your knowledge
to stand in the way of truth.

아무 생각이 없고 원하는 것이 없으면
지금 이 순간 완전히 만족하게 됩니다.

No thoughts. No wanting.
Complete contentment in this moment.

당신이 마음 챙김을 하는 방법입니다:
아무것도 하지 말고 그대로 놓아 두십시오.

This is how you create mindfulness:
do nothing, let things be.

명상의 성공은 명상하는 사람의
태도에 달려 있습니다.

Success in meditation is
in the attitude of the meditator.

원인을 만들면,
그에 따른 결과는 저절로 옵니다.

Create the causes
and the results come all by themselves.

당신이 무엇을 하든 100% 최선을 다하게 되면,
당신의 호불호는 약해집니다.
이것은 당신에게 힘과 에너지를 줍니다.

By giving 100% to whatever you are doing,
you are weakening your likes and dislikes.
This gives you power and energy.

애착은 항상 통제하려는
마음과 관련이 있습니다.
당신이 뭔가가 당신 것이라고 생각할 때,
당신은 그것을 소유하려 하고, 제어하고 유지하여,
조종하고 싶어 합니다.

Attachment is always
associated with wanting to control.
When you think something is yours,
you want to posses it, control it,
keep it, manipulate it.

욕망과 악의는
당신을 흔들리게 하고, 지치게 만듭니다.
그것들은 당신을 방해하고 뒤흔들어
마음의 동요를 일으킵니다.

Desire and ill will are what make you move,
what make you tired.
They create the activity of the mind
that disturbs and agitates you.

지루함은 이전에 하던 일과
현재 직면하고 있는
일의 수준 차이 때문에 발생합니다.

Boredom arises because of the difference between
your previous level of activity
and what you are facing now.

지루함을 극복하는 방법은
인내심을 가지고 그냥 두는 것입니다.
지루함의 빈틈을 일로 채우려고 하지 마십시오.

The way to overcome boredom
is to be patient with it, to leave it alone.
Don't try to fill that hole of boredom with activity.

불안할 땐, 그냥 마음 편히 지내세요.
자신을 운전자가 아닌 승객으로 생각하고
여행이 어디로 향하는지 지켜보기만 하면 됩니다.

When you are restless, just be at peace with it.
Regard yourself as the passenger, not the driver.
Just observe where the journey takes you.

결점을 발견하려는 마음은
그와 반대되는 행동을 통해 버려져야 합니다.
포용하고 받아들이며 결점에서
즐거움과 아름다움을 찾음으로써 버려져야 합니다.

Fault-finding should be abandoned by
developing its opposite: accepting,
embracing, and looking for
the delight and beauty in things.

남의 것을 빼앗고 관여하려는
자아관념이 있다면,
당신이 바로 문제입니다.

When there is a sense of self,
which takes ownership and gets involved,
you are the problem!

자신의 경험을 단순하게 받아들일 때,
그 경험이 무엇이든 간에,
그 경험으로부터 배울 뿐만 아니라,
갑자기 그것으로부터 자유로워질 것입니다.

When you simply accept your experiences,
whatever they are, not only do you learn from them,
but suddenly,
you are free from them.

당신은 지금 고요함을 확립할 수 있습니다,
고요함을 확립할 수 있는 유일한 방법은
이 순간에 머무르는 것입니다.

You can only build stillness now,
and the only way to do it is
to allow this moment to be.

인생이 정말 쉽게 흘러갈 때,
우리는 진정으로 가치 있는 것을 잊어버립니다.

When life is really easy,
we forget what is truly valuable.

098

자아는 철학적 관념으로 정의를 내릴 필요까지는 없지만,
단순히 그것이 무엇을 하는가,
그리고 어떤 성격을 갖고 있는지는 설명해야 합니다.

A self need not be defined
by some philosophical idea,
but simply by what it does and what it owns.

성공이 행복을 만드는 것이 아니라
행복이 성공을 만듭니다.

It is not success that creates happiness.
Happiness creates success.

인생에서 애태웠던 일들이 우리에게
가장 큰 가르침을 줍니다.
그 일들은 우리가 더 관대하고 평화로우며,
연민을 갖게 해줍니다.

The irritations of life
teach us the most.
They allow us to be more tolerant,
peaceful and compassionate.

힘든 시절은 고통과 앉아서
직면할 멋진 기회입니다.
항상 도망치는
쉬운 선택을 하지 마십시오.

Difficult times are wonderful opportunities
to sit down and face suffering.
Don't take the easy option
of always running away.

무아를 체험하게 되면, 다른 사람들 때문에
속상하고 화를 내는 것이 불가능해집니다.

When your sense of self disappears,
it's impossible to get upset
and angry at other people.

스트레스는 해야 할 일이 많기 때문에 일어나는 것이 아닙니다.
견딜 수 없을 정도로 버거울 때
어떻게 쉬어야 할지 모르기 때문에 생깁니다.

Stress is not about having many things to do.
Stress is when it's all too heavy to bear,
but we don't know how to rest.

자신을 사랑하기 위해
완벽할 필요는 없습니다.

You don't have to be perfect
to love yourself.

자신에게 친절하고
자신을 받아들이는 것은
실제로 스스로를 해치지 않는 법을 배우는 것입니다.

Being kind to yourself and
accepting yourself is actually
learning not to be your own enemy.

더 친절하고,
더 세심하고, 덜 까다로워서,
함께 살기에 더 아름다운 사람이 되는 법을 배우세요.

Learn to be more kind,
more sensitive, and less demanding,
a more beautiful person to live with.

변화하는 삶의 본질에 맞춰
유연하게 굽힐 수 있어야 합니다.

Be able to bend and flex
with the changing nature of life.

감사는 정말로 가치 있는 것을 소중히 생각하여,
무시하거나 당연한 것처럼 여기지 않는 것입니다.

Gratitude is valuing what is really worth valuing,
not ignoring it or taking it for granted.

당신의 행동이 다른 사람들에게
어떤 영향을 미치는지 보게 되면,
그것은 당신이 잘 실천할 수 있도록 동기를 부여합니다.

When you see
how your actions affect others,
it motivates you to practice well.

조금 읽고,
조금 먹고,
조금 자고,
조금 말하는 것이

Read little.
Eat little.
Sleep little.
Talk little.

당신이 휴식하는 방법입니다.

That's how you REST.

. 사실에 맞게 믿음을 적용하십시오.
여러분의 믿음에 맞게 사실을 왜곡하지 마십시오.

Bend your faith to fit the facts.
Don't bend the facts to fit your faith.

일은 마무리가 되어야 끝나는 것입니다.
이것이 휴식을 취할 수있는 유일한 방법입니다.
그렇지 않으면 우리의 일은 결코 끝나지 않습니다.

What is done is finished.
This is the only way to take a break.
Otherwise our work is never finished.

죄책감에서 벗어나는 여정의 가장 어려운 단계는
우리가 용서받을 자격이 있음을
스스로 확신하는 것입니다.

The most difficult stage of
the journey out of guilt is convincing
ourselves that we deserve to be forgiven.

분노와 관련된 가장 큰 문제는
우리가 화내는 것을 즐긴다는 것입니다.
화를 내는 것은 중독성이 있고
강력한 쾌감이 따릅니다.
우리는 화를 삭이지 않고 즐기고 싶어합니다.

A problem with anger
is that we enjoy being angry.
There is an addictive and powerful
pleasure associated with the expression of anger.
We don't want to let go of what we enjoy.

화의 결과가 무엇인지를 깨닫고
둘 사이의 관계를 기억해 낸다면
우리는 기꺼이 화를 삭이게 될 것입니다.

If we realized the fruit of anger
and remembered the connection between the two,
then we would be willing to let anger go.

우리가 다른 방향으로 달릴 때는 볼 수 없지만,
대부분의 문제들은 해결방법을 가지고 있습니다.

Most problems have solutions that we can't see
when we're running in the other direction.

세상에서 가장 큰 문제는
지혜의 부족입니다.

The biggest problem in the world
is the lack of wisdom.

웃음은 엔도르핀을 방출하게 하여
우리의 면역 체계를 강화하고
행복하게 만들어 줍니다.

Laughter has been proved to release endorphins,
which strengthen our immune
system and make us feel happy.

진정한 친구나 상담 전문가는
바닥이 뚫려 있는 쓰레기통과 같습니다.
그들은 결코 또 다른 문제를 들어주기 어려울 만큼
가득 찬 적이 없습니다.

An effective friend or counsellor is
like a dust-bin with no bottom.
They are never too full to listen to
another problem.

120

우리는 해결책이 없고
문제가 되지 않는 것들을 걱정하느라,
얼마나 많은 시간을 낭비합니까?

How much time do we waste
in our lives worrying about things
that, at the time, have no solution,
and so aren't a problem?

친절이 아름다운 비둘기로 비유된다면,
지혜는 그 날개입니다.
지혜가 없는 동정심만으로는 문제를 해결할 수 없습니다.

If kindness is imagined as a beautiful dove,
then wisdom is its wings.
Compassion without wisdom never takes off.

대부분의 사람들은 마음 깊숙한 곳에서는
옳고 그름을 그냥 알지만,
일부는 마음의 소리를 주의 깊게 듣지 않습니다.

Deep inside, most people know
what's right and wrong,
only some don't listen carefully.

적절한 시기에 침묵하는 법을
배우지 못하면, 정말 중요한 때에
당신의 입을 닫을 수 없을 것입니다.

If you don't learn how to keep quiet at
the proper times, then when it's truly important,
you will not be able to keep your mouth shut.

우리 각자가 자신의 종교 안에서
사랑의 지휘자가 됩시다.
자신의 종교를 잘 배웠으면,
더 나아가 오케스트라의 단원들처럼
다른 종교인들과 함께 어우러져
연주하는 법을 배워봅시다.

Let us each be a maestro
of the love within our religion.
Then, having learned our own religion well,
let us go further and learn how to play,
like members of an orchestra,
with other religions in harmony together.

왜 우리는 만족함을 찾기도 전에
먼저 열심히 일해서
부자가 되어야 한다고 믿을까요?

Why do we believe that
we have to work so hard and get rich first
before we can find contentment?

원하는 것은 끝이 없습니다.
그러나 원하는것으로부터 자유로워지는 것은 끝이 있습니다.

Wanting has no end.
But freedom from wanting has an end.

당신이 자존심을 버리면,
아무도 당신을 무시할 수 없습니다.

When you abandon your ego,
then no one can mock you.

만약 누군가가 당신을 바보라고 불렀을 때,
그들의 말이 옳을 수도 있다고
믿는 경우에만 화가 나는 것입니다!

If someone calls you a fool,
the reason you get upset
can only be that you believe they may be right!

다른 무언가가 되는 것은
단지 한 가지 형태의 고통을
다른 형태의 고통으로 교환하는 것뿐입니다.

Becoming something else just exchanges
one form of suffering
for another form of suffering.

이성적인 사람이라면 다음과 같이 말할 것입니다.
"의사 선생님, 저에게 당연한 일이 생겼어요.
다시 아파요!"

A rational person should say,
"There is something right with me,
Doctor. I'm sick again!"

인생이 고통스러울 때,
그와 다른 재미있는 면을 보고
웃으면 덜 힘들어집니다.

When life is painful, it hurts less
when you see the funny side
and manage to laugh.

어떤 사람들은 단순하게 문제에서
자유롭고 싶어하지 않습니다.
그들은 불안을 자극으로 받아들입니다.
그들은 고통을 재미있는 장난으로 여깁니다.

Some people simply
don't want to be free from trouble.
They take anxiety to be stimulating.
hey regard what is suffering as good fun.

즐거움은 명상을 성공으로 이끄는 열쇠입니다.

Joy is the key to success in meditation.

당신의 삶이 어려울수록, 그 속에서 재미를 붙이세요.
당신이 미소지을 수 있게 되면, 인생은 한결 쉬워집니다.

If your life gets difficult, put fun into it.
If you can manage to smile, life becomes easier.

어떤 것에 화가 나고 견딜 수 없을지라도,
우리는 그것에서 무언가를 배울 수 있습니다.

Even if something is irritating and unbearable,
we can learn something from it.

당신이 바꿀 수 없는 것은 어떻게 해야 할까요?
아무것도 하지 않으면 됩니다.

When there's something you can't change,
what should you do? Nothing.

행복과 평안은
병을 치료하는 큰 해독제가 됩니다.

Happiness and peace—
they are great antidotes to sickness.

소수의 사람들만이
죽을 준비가 되어 있다는 것은 이상합니다.
우리가 기꺼이 죽을 준비가 되었다면,
우리는 이미 살아 갈 준비가 되었다는 것입니다.

It's strange how
few people are ready to die.
When we are ready to die,
then we are ready to live.

여러분이 충분히 자비를 베풀고
계율을 지켜왔다면,
당신은 멋진 환생을 하게 될 것입니다.
그런데 왜 당신은 죽는 것을 두려워합니까?

If you've done a lot of charity and
you keep precepts,
you're going to have a wonderful rebirth.
So why are you afraid of dying?

사람들은 죽는 것을 잘못되었다고 생각합니다.
죽음에는 아무런 문제가 없습니다.
죽음은 삶의 일부입니다.

People think that dying is wrong.
There's nothing wrong with death.
Death is a part of life.

통제자, 독재자가 되지 마십시오.
당신이 두려움을 통제하려 한다면
실수를 하게 될 것입니다.

Don't be a controller, a dictator.
If you control out of fear,
it's going to go wrong.

과거를 지키는 것보다 과거를 버리는 것에서
더 많은 것을 배울 수 있습니다.

You learn much more from letting go of the past
than you do from keeping the past.

너무 많은 생각을 하면
우리는 인생에서 어떤 평화도 얻기 어렵습니다.

Thinking too much stops us
from getting any peace in life.

144

이것은 평화롭고 행복해질 수 있는 방법입니다:
잡다한 일들을 버리고,
지금 이 순간 무슨 일이 일어나고 있는지
그 하나만 간직하십시오.

This is the way to be peaceful and happy:
throw things away and keep only one thing—
the present moment, what's happening now.

자유롭고, 편안하고, 행복하기 위해,
당신의 태도와 여기에 있기를 원하는 마음 외에는
아무것도 바꿀 필요가 없습니다.

To feel free, at ease, and happy,
you don't have to change anything,
except your attitude and wanting to be here.

우리는 대가 없이 그 어떤 것도
돌려받길 기대하지 않고 줄 수 있습니다.
왜일까요?
주는 것이 정말 기쁜 일이기 때문입니다.

We can give without expecting
anything back in return.
Why?
Because it's such a joy to give.

당신이 어떤 일을 기대하지 않으면,
인생의 모든 선물은 놀라움으로 다가와
인생은 훨씬 더 재미있게 될 것입니다.

If you don't anticipate things,
all the gifts of life come as a surprise
and life becomes far more fun.

모든 지식은 단지 길잡이이고
방향일 뿐입니다.
그것은 진짜가 아닙니다.

All knowledge is just a signpost,
a direction;
it's not the real thing.

죄책감과 분노는
실제로 고통을 더 오래 지속시킬 것입니다.

Guilt and anger
actually make the pain last longer.

당신이 더 많이 원할수록,
더 많은 갈등을 얻게 될 것입니다.

The more you want,
the more conflict you get.

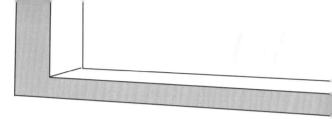

당신이 습관의 노예가 되면,
당신의 마음은 천천히 죽고,
당신의 마음 가짐은 사라져 버릴 것입니다.

If you become a creature of habit,
your mind slowly dies,
and your mindfulness goes.

당신이 습관의 노예가 될 경우,
예측하기 쉬운 사람이 되고 ,
사람들은 쉽게 당신을 조종하여
당신을 불행하게 만들 수 있습니다.

If you become a creature of habit,
one who is easy to predict,
people can push your buttons
and make you unhappy.

더 좋든 나쁘든, 동등하든,
다른 사람과 비교하여 자신을 측정하지 마십시오.
이것은 죄책감의 근원이 되는 자기판단으로부터
우리를 자유롭게 해 줍니다.

Don't measure yourself against others,
whether as better, worse, or equal.
This frees us from self-judgment,
which is the root of guilt.

평화의 길은
불완전한 가운데에서도 평온하게 사는 것이며,
헛점투성이의 사람들을
받아들일 수 있어야 합니다.

The way of peace is to be
peaceful in the midst of imperfection,
to be able to accept people even though
they are far from perfect.

당신이 무엇을 하든,
아무리 많은 것을 시도하고 노력해도,
어려운 사람들은 항상 있을 것입니다.

No matter what you do,
no matter how much you try and struggle,
there'll always be difficult people.

당신이 나에게 소리를 지르고 어떤 일을 해도 좋지만,
당신이 내 행복을 가져가도록 두지는 않을 것입니다.

You may shout at me, or do anything to me,
but I'm not going to allow you
to take my happiness.

다른 사람들이 여러분의 행복을 빼앗지 못하게 하십시오.

Never allow others to take away your happiness.

칭찬을 받으면 우쭐해지는 것이 아니라
마음이 넓어지게 됩니다.
넉넉한 마음을 가지는 것은
우리의 행복과 삶의 의미를 위해 매우 중요합니다.

When you're praised,
you get a big heart, not a big head.
Big heartedness is so important for our happiness
and the meaning of our life.

우리가 무언가를 추정하면,
우리는 항상 열심히 노력을 하게 됩니다.
우리가 추정한 현실을 맞추기 위해서.

When we assume something,
we always try so hard
to fit reality to our assumption.

우리가 각자 다른 것을 원하기 때문에
우리의 현실은 차이가 납니다.
거기에 갈등의 씨앗이 있습니다.

Because we want different things,
our realities are different.
And there is seed of conflict.

인식은 우리의 관점에 따라 달라지기 때문에,
우리는 종종 진실을 보지 못하고
우리가 보기 원하는 것만을 봅니다.

Since perception is controlled by our views,
often we can't see the truth,
but only what we want to see.

삶의 의미는 당신이 축적한 것에 있는 것이 아니라,
다른 사람들에게 얼마나 나누고
베풀 수 있는가에 달려 있습니다.

The meaning of life
is not in what you accumulate,
but in how much you can let go and give to others.

우리는 우리 자신에게만 신경쓰는 것이 아니라
다른 사람들과 환경에 대해서도 신경을 써야 합니다.
왜냐하면 우리는 하나이고 상호연결되어 있기 때문입니다.

We don't just care for ourselves,
but also for others and our environment,
because we're one and interconnected.

모든 존재에는 친절하고 상냥하고 사랑이 많으며
동정심이 많고 현명한 성인이 될 수 있는
놀라운 잠재력이 있습니다.

In every being
there's a wonderful potential
to be a kind, caring, loving,
compassionate, and wise saint.

친절, 그게 최고의 보호막입니다.

Kindness, that's the best protection.

인간으로서 우리는 서로에게
친절과 사랑과 존경을 표현하기 위해,
서로서로 나눔이 필요합니다.

As human beings,
we need to give to each other,
to express our kindness, love, and respect.

진정으로 강하고 선한 사람들은
결코 화를 내지 않습니다.

People who are truly powerful
and good never get angry.

오직 손님만이 내려놓을 수 있습니다.

주인은 항상 억제해야 합니다.

Only a visitor can let go.

An owner must always control.

만약 비난하기보다 감사한다면,
당신은 항상 다른 사람들의 장점을 보게 되고
그들의 단점은 잊어버리게 될 것입니다.
그러면 실제로 그들의 장점이
얼마나 커지는지 놀라게 됩니다.

If you have gratitude rather than criticise,
you will always be looking at the good qualities
of others and forgetting their bad ones.
Then, it's amazing how their good qualities
actually grow.

더 많은 불화, 갈등,
고통을 야기하는 철학,
교리 또는 사상은 진리가 될 수 없습니다.

Any philosophies, dogmas or ideas
that cause more disharmony,
conflict and suffering cannot be the Truth.

한 번에 한 단계씩
꾸준히 나아간다면
도달할 수 없는 것은 없습니다.

If you keep going, one step at a time,
one brick at a time,
there's nothing you can't achieve!

상대가 얼마나 많은 자원을 가지고 있는지,
군대가 얼마나 큰지는 문제가 되지 않습니다.
승리하는 자는 전념하는 사람입니다.

It doesn't matter how many resources the
opponent has, how big their army is,
the one who wins is the one
with the most commitment.

여러분의 삶에는 평온한 날들도 있고,
폭풍우가 몰아치는 날도 있습니다.
배가 가라앉을 경우를 대비해
수영하는 법을 배워 뒀습니까?

There are calm days in your life,
and there are storms in your life.
Have you learned how to swim
in case your ship sinks?

두려움은 끔찍한 일이 일어날 것이라고
상상하는 것입니다.
두려움의 해독제는 그것이 일어나지 않을 것이라고
상상하는 것입니다.

Fear is to imagine that something
awful will happen.
The antidote to fear is
to imagine that it won't happen.

정직하게 행동하는 것이 왜 그렇게 어려울까요?
우리가 정직을 칭찬하고 보상하지 않기 때문입니다.

Why is it so difficult to be honest?
It's because we don't praise and reward honesty.

더 많이 사용할수록 하얀 거짓말은 회색이 됩니다.
그보다 더 많이 사용하면
검은색이 됩니다.

The more they're used, white lies become grey.
When they're used even more,
they become black.

자신과 다른 사람에게
너무 많은 것을 요구하지 않을 때,
당신은 자유를 얻습니다.

When you are not demanding
so much of yourself and others,
you get freedom.

관계의 문제는 그녀의 문제도,
그의 문제도 아니고
우리의 문제입니다.

A problem in a relationship is not
her problem, nor his problem,
but OUR problem.

우리는 여러해 동안 누군가와 함께 살 수는 있지만
여전히 그 마음을 얻지는 못할 것입니다.
왜냐하면 그 모든 시간 동안 우리는
정말 제대로 들어준 적이 없었기 때문입니다.

We can live with someone for
many years and still not get it,
because all those years we've never
really been totally listening.

180

누군가가 당신에게 말할 때,
완전히 들어주는 것이,
그들과 바로 그곳에서 함께 하는 것입니다.

When someone
is speaking to you, totally listen,
be right there with them.

고통이 일어나면,
고요히 지켜보고 관찰하십시오.
개입하지 말고 지켜만 볼 때,
당신은 자유를 찾을 수 있습니다.

When suffering arises,
watch and observe it in silence.
Watch it without getting involved,
and you will find freedom.

인생이 노래처럼 흘러갈 때 행복해지는 것은 쉽지만,
모든 것이 잘못될 때
미소를 지을 수 있는 사람이야말로
가치 있는 사람입니다.

It's easy enough to be happy
when life goes along like a song,
but the one worthwhile is the one
who can smile when everything goes all wrong.

인생은 사형선고입니다.
그러나 언제 어떻게
집행이 될지는 알 수 없습니다.

Life is a death sentence.
But we don't know when and
how the execution is going to take place.

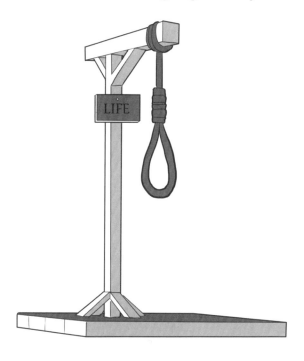

죽음은 우리가 지금
올바른 일을 하게 만들지만,
우리는 죽을 때 어떤 미완성된 일도 남기지 않습니다.

Death makes us do the right thing now,
so when we die, we don't leave any
unfinished business.

우리는 단지 우리가 듣고 싶은 것을 듣습니다.
이것이 우리가 사물을 있는 그대로 인식하지 못하고
왜곡하는 모습입니다.

We only listen to what we want to listen to.
This is how we distort the perception of
things as they really are.

대부분의 비판은 전혀 근거가 없습니다.
그래서 우리는 그것을 무시하고
긍정에 초점을 맞춰야 합니다.

Most criticism is totally unfounded.
So we should ignore it and stay
focused on the positive.

생각하는 대신 느끼면
훨씬 더 나은 선택을 할 수 있습니다.

You will make much better choices
when you feel instead of think.

미래는 전적으로 불확실하기 때문에
우리는 인생의 매 순간에서
미래를 창조할 수 있습니다.

Because the future is totally uncertain,
you can create your future in
every moment of your life.

운명, 신앙, 또는 무엇에 의해서도
한계가 없다는 것을 이해한다면,
당신은 당신이 만들고자 하는
무엇이든 창조할 수 있습니다.

You can create whatever you wish to create,
if you have the understanding that there's no
limitation put on you by destiny,
faith, or whatever.

봉사는 즐겁습니다.

Serving is fun.

머리가 아닌 마음이
영성에 관한 모든 것입니다.

The heart, not the head,
is what spirituality is all about.

삶의 관계에 있어
첫 번째 우선 순위는 화합입니다.

The first priority in life
and relationships is harmony.

우리가 결점과 문제에 초점을 맞출 때,
그 문제는 실제로 더 커지게 됩니다

When we focus on the faults and problems,
those problems actually grow.

HAPPY FORGIVENESS DAY

심판의 날보다 용서의 날을 가지는 것이
훨씬 더 아름답습니다.

It's much more beautiful to have
Forgiveness Day than Judgment Day.

왜 마음이 편해지지 않을까요?
통제광인 당신이,
당신의 마음을 억누르기 때문입니다.

Why do you not feel at ease with your mind?
Because there you are, the control freak,
trying to subdue your mind.

집에 오면, 당신 스스로 평화로워지십시오.
자신을 사랑하십시오.
자신을 사랑한다는 것은
자신이 무엇이든 스스로를 받아들이는 것을 의미합니다.

Come home, be at peace with yourself.
Love yourself.
Loving yourself means
accepting yourself for whatever you are.

당신이 덜 말할 때, 당신은 더 많이 듣습니다.
더 많이 들을 때, 당신은 현명해집니다.

When you speak less, you listen more.
When you listen more, you become wise.

우리가 고요히 있을 때,
우리는 다른 방법으로
문제를 볼 수 있습니다.

When we have quiet time,
we can see the problem
in a different way.

우리의 수도원은 평화로움,
고요함, 만족감, 편안함,
자유의 의미입니다. 그것이 수도원입니다.

Our monastery is the sense
of peace, stillness, contentment,
ease, freedom. That's a monastery.

많은 돈을 갖는 것과 친절해지는 것 중에서
어느 것이 더 중요할까요?

What's more important:
getting lots of money or being kind?

명상을 통해 최고의 행복은
만족이라는 것을 이해하십시오.

With meditation, you understand that the
highest happiness is contentment.

스승님이 나에게 말씀하셨습니다.
"너는 낫거나 죽을 거야."
질병은 지속될 수 없습니다.

My teacher told me,
"You'll either get better, or you'll die."
Sickness cannot last.

우리는 우리 모두가 공통으로
가진 관심에 주의를 기울여야 합니다.
그러면 우리는 조화롭게 살 것입니다.

We should focus our attention on
what we all have in common.
Then we will live in harmony.

당신은 인생과 싸울 수 없습니다.
인생과 사이좋게 지내십시오.

You can't fight life.
Be at peace with life.

영적인 실천을 하는 것은
일상생활에서 진심으로 행해져야 합니다.
지름길은 없습니다.

Undertaking spiritual practice
should be done wholeheartedly
in daily life. There can be no shortcuts.

행복의 비결은
여기저기서 찾는 것이 아니라,
우리가 이미 가지고 있는 것을
바라보는 것입니다.

The secret to happiness
is not searching here and there,
but looking within—looking at
what we already have.

지금 이 순간은
우리가 우리의 미래를 결정할 수 있는 유일한 시간입니다.

The present moment
is the only time we can determine our future.

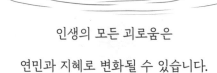

인생의 모든 괴로움은

연민과 지혜로 변화될 수 있습니다.

All the bitterness in life can be transformed into
compassion and wisdom.

상처를 준 사람이 누구든지간에
우리에게 용서하는 법을 가르쳐 줍니다.
어려운 교훈이지만 그만한 가치가 있습니다.

Whoever hurt us
is teaching us how to forgive.
It's a difficult lesson, but it's worth it.

우리가 행복해 지기 위해
외부환경이 바뀌기를 원한다면 우리는 어리석은 것입니다.

We are foolish if we want things
outside to change in order to make us happy.

당신이 아무것도 원하지 않을 때,
당신이 진정으로 만족할 때,
그때가 당신이 행복한 순간입니다.

When you don't want anything,
when you are truly content,
that is the moment you are happy.

중요한 것은 결과가 아니라
우리가 일을 하는 방식입니다.
최선을 다했다면
결과에 상관없이 만족할 수 있습니다.

The important thing
is how we do things, not the result.
If you have done your best,
you can be content no matter what the result.

명상의 목표는
고요함과 마음의 맑음입니다.

The goal of meditation is
stillness and clarity of mind.

명상 수행자는 하늘을 날아 봉우리까지
올라가는 새와 같습니다.
새들은 가방을 가지고 다니지 않습니다!

Meditators are like birds that soar through
the sky and rise to the peaks.
Birds never carry suitcases!

명상하는 동안 당신은
이력이 없는 사람이 됩니다.
모든 이력을 버리면 우리는 평등하고 자유롭습니다.

During meditation you become
someone who has no history.
If we abandon all history, we are equal and free.

과거에 연연하지 마십시오.
죽은 순간으로 가득 찬 관을
계속 들고 다니지 마십시오.

Do not linger on the past.
Do not keep carrying around
coffins full of dead moments.

비판 없이 관찰하고,
현재 순간에 대한
고요한 인식만을 경험할 때,
당신은 진실에 더 가까워집니다.

You are much closer to truth
when you observe without commentary,
when you experience just the silent awareness of
the present moment.

명상에서는,
신중한 인내심이 가장 빠른 방법입니다!

In meditation,
careful patience is the fastest way!

당신이 용서할 수 없는 것은
아무것도 없습니다.

There's nothing,
absolutely nothing, you can't forgive.

나는 명상을 사랑합니다.

I love meditation.

명상의 목적을 향한 선의를 키우십시오.

그 속에서 즐거움을 느끼도록 자신을 프로그램하십시오.

Cultivate good will towards the meditation object.

Program yourself to delight in it.

명상의 대상을 향한 애정어린 친절이 있을 때,
명상을 하기 위해 많은 노력을
기울일 필요는 없습니다.

When you have loving-kindness
towards the meditation object,
you don't need much effort to hold it.

용서하고 과거를 내려놓는 것이
후회를 극복하는 길입니다.

Forgiveness, letting go of the past, is what
overcomes remorse.

명상 속에서 불안을 느끼는 것은
항상 여기에서
기쁨을 찾지 못한다는 것입니다.

Restlessness in meditation
is always a sign of not finding joy
in what is here.

불안은 폭군인 주인이
당신에게 이것저것 지시하는 것과 같습니다.
그 폭군은 결점을 찾는 마음입니다.

Restlessness is like having a
tyrannical master always telling you this and that.
That tyrant is the fault-finding mind.

당신과 당신의 방황하는 마음 사이의
싸움에서 휴전에 합의하세요.
통제하려 하지 말고 내려놓으세요.

Agree to a ceasefire in the battle between you
and your wandering mind.
Stop controlling and start to let go.

무조건적인 마음 챙김,
즉 알고 있는 것을 결코 통제하거나 방해하지 않는
의식을 개발하세요.

Develop unconditional mindfulness,
the awareness that never controls or
interferes with whatever it knows.

인생은 완벽하지 않으며
해야 할 일은 결코 끝나지 않습니다.
내려놓는 것은 불완전함 속에서 조용히 앉아
마음을 쉬게 하는 용기를 갖는 것입니다.

Life is never perfect and duties are never finished.
Letting be is having the courage to sit quietly and
rest the mind in the midst of imperfection.

내려놓음에서 나온 행복은
상쾌하고 오래 지속됩니다.
그것은 진정한 자유의 의미와 관련이 있습니다.

Happiness born of letting go
is cool and long-lasting.
It is associated with a sense of real freedom.

화가 났을 때는,
세상의 잘못된 점만 볼 수 있습니다.

When one is angry,
one can only see the faults in the world.

사물을 진실로 보는 것은
많은 용기가 필요합니다.
왜냐하면 너무나 많은 소중한 관점들을
내려놓아야 하기 때문입니다.

It takes much courage
to see things the way they truly are, because one
has to let go of so many precious views.

232

진리를 보는 것은 무서운 일입니다.
우리에게 무엇보다 소중한 생각인,
자기의 견해를 포기해야 하기 때문입니다.

To see the Dhamma is terrifying,
because one has to let go of the most precious
idea of all, the view of a self.

그 어떤 것도 집착할 만한 가치는 없습니다.

Nothing is worth adhering to.

가장 높은 수준의 행복인 열반은
모든 감각적 욕망,
분노, 미혹이 완전히 종결되는 것입니다.

The highest happiness, Nibbana,
is the complete ending
of all sensory desire, ill will, and delusion.

완전한 깨달음은
다시는 자아가 있다는 관점을 갖지 않으며,
나의 관점에서 인식하거나, 그 어떤 것도 나, 나의 것,
또는 자아라고 생각하지 않는 것을 의미합니다.

Full Enlightenment means that one will never
again hold the view that there is a self,
nor perceive in terms of a self, nor think that
anything is me, mine, or a self.

우리가 서서히 내려놓게 되면,
행복은 서서히 증가합니다.

As one gradually lets go,
happiness gradually increases.

인간으로 태어나는 것은 지혜의 길로 향하는
매우 귀중한 기회이지만, 슬프게도 그것은
모두 게으름이나 무의미한 일에 허비하곤 합니다.

To be born as a human being is a very precious
opportunity for progress on the path of wisdom,
but sadly it is all too often wasted in languid
lounging or pointless pursuits.

당신이 내려놓는 방법을 알게 되면
인생은 무겁지 않습니다.

Life isn't heavy
when you know how to let go.

우리 모두가 종교적이고
개인적인 모든 신념을 잠시 동안 제쳐두고,
단지 깨어 있는 고요한 마음으로
삶의 울림을 듣는다면 정말 멋지지 않을까요?

Wouldn't it be so wonderful if we all would put
aside for a while every dogma, both religious
and personal, and just listen to the throb of life
with an alert and silent mind?

불교를 실천하는 진정한 목적은
더 많은 것을 얻기 위해서가 아니라
모든 것을 내려놓기 위해서입니다.

The true purpose of practising Buddhism
is to let go of everything, not to get more things.

가끔 일이 잘못될 수도 있다는 점을 받아들이십시오.

Please accept that things
will go wrong from time to time.

인생을 깊이 생각해 보면,
당신이 인생을 완전히 통제할 수 없다는 것을 깨닫게 됩니다.
그리고 통제할 수 없는 것은
당신의 일이 아닙니다.

When you contemplate life, you come to realize
that it's completely out of control.
And whatever is out of control
is none of your business.

대지처럼 되십시오. 사람들이 무슨 말을 하거나
무슨 일을 하거나 간에 흔들림이 없어야 합니다.

Be like the earth.
Whatever people say or do, be immoveable.

그들이 당신을 칭찬하거나 비난하거나,
그것은 그들의 일일뿐입니다.
좋든 나쁘든 다른 사람의 말에
영향을 받을 필요가 없습니다.

If they praise you or blame you,
it's their business.
There's no need to be affected
by another person's speech, whether good or bad.

당신이 더 나은 사람이라서
다른 사람이 인생에서 직면하는 어려움과
문제를 피할 수 있다고 생각한다면
그것은 자기오만입니다.

It's the arrogance of the ego to think that
you're better, that you can avoid
the difficulties and problems
that everyone else faces in life.

명상은 모든 사물이 사라지고
희미해지도록 하는 예술입니다.

Meditation is the art of letting
things disappear and fade.

하나의 일이 끝나면,
기억 속에서 빨리 지워 버리세요.
한 가지가 또 다른 것과 섞이지 않도록 하십시오.

When one activity is finished,
drop it very quickly.
Don't allow one thing to blend into another.

금방 행복하고 금방 또 불행해지는 것은
단지 느낌의 세계일 뿐입니다.
완전 불변한 행복은 얻을 수 없습니다.

Now you're happy, now you're unhappy.
That's just the world of feeling.
You cannot get complete, utter, unchanging happiness.

당신이 지루하고 싫증난다면,
스스로에게 "지루함이란 무엇인가?" 물어보고 살펴보세요.
지루함을 회피하지 말고 이해하려고 노력하며,
정면으로 마주보세요.

If you get bored, ask yourself,
"What is boredom?" Investigate it.
Don't try to escape from it,
try to understand it. Face it squarely.

"내"가 끼어들기 시작하면
문제가 생깁니다.

When the "I" starts to get involved,
there's a problem.

명상의 길은
의지력이 아니라
지혜의 힘에 있습니다.

The way of meditation is not will-power,
but wisdom power.

몸부림칠수록
더 깊은 혼란에 빠집니다.
마치 모래의 늪으로
발을 들여놓는 것과 같습니다.

The more you react negatively to yourself or others,
and the more you struggle,
the deeper you get into a mess.
It's like stepping into quicksand.

늘 기억할 것은 명상에서 뭔가의 결과를
찾지 않아야 한다는 것입니다.
당신이 뭔가를 얻으려고 하면,
당신이 얻는 것은 모두 고통이 됩니다.

Always remember not to look for results
in your meditation.
If you try to get something out of it,
all you get is suffering.

우리는 훈장을 받거나 성취를 하기 위해 명상하지 않습니다.
또한 친구들에게 말할 수 있는
무언가를 이루려고 애쓰는 것도 아닙니다.

We don't meditate to gain badges or attainments.
We're not trying to get something
that we can tell our friends about.

이것으로 충분합니다.

나는 지금 이 순간, 여기에 있기를 원합니다.

This is good enough.

I want to be here in this moment, right now.

자아감각의 소멸은 우리가 말하는 아낫따,
즉 무아를 의미합니다.

The vanishing of the sense of self
is what we mean by anattā, non-self.

참된 믿음은 고통을 끝낼 수 있다는 믿음이고,
이것이 성공할 수 있다는 믿음입니다.

Real faith is faith in the end
of suffering and faith that this can be achieved.

당신이 건강한 상태에 있을 때에는,
의식적으로 통증이나 질병이 없음을 생각하지 않는 한
건강에 대해 감사하지 않는 경향이 있습니다.

When you're in constant good health,
you tend not to appreciate it
unless you consciously reflect on
the absence of pain or illness.

앉고, 침묵하고, 지켜보고, 그리고 관여하지 마세요.
서서히, 명상의 체험은
저절로 일어날 것입니다.

Sit down, shut up, watch, and don't get involved.
Gradually, the meditation experience
will open up all by itself.

자기망상의 두 가지 유형 :
스스로를 "행동하는 사람"으로 받아들이거나
스스로를 "이해하는 사람"으로 받아들입니다.

There are two citadels of the self delusion:
taking yourself to be "the doer" and
taking yourself to be "the knower".

부처님의 가르침을 포함하여 모든 것이 사라질 것입니다.
그것은 단지 자연의 섭리입니다.

Everything will be gone,
including the teachings of the Buddha.
That's just the course of nature.

자신에게 물어보십시오:
당신은 노년기, 질병,
죽음에 대비하고 있습니까?

Ask yourself:
are you prepared for
old age, sickness, and death?

행복과 고요함, 평화의 상태로 이끄는 것은
그것이 무엇이든 올바른 길입니다.

Whatever leads to a state of happiness, stillness,
and peace is the proper path.

교훈을 지키고, 자신을 자제하고,
오랜 시간 동안 옳은 일을 할 때,
당신은 자기 자신에 대해
기분이 좋아집니다.

When you keep the precepts,
restrain yourself, and do the right thing for
a long period of time, you feel really
good about yourself.

여러분이 다른 사람들에게 줄 수 있는 가장 좋은 선물은
당신이 깨달음을 얻는 것입니다.

The best gift you can give to others is for you
yourself to become enlightened.

지각없는 사람과 스포츠 스타 또는
영화 배우를 찬양하지 마십시오.
찬양 받을 만한 가치가 있는
사람들을 찬양하십시오.

Don't praise foolish people,
sports stars, or film stars.
Praise those who are worthy of praise.
It's not worth praising those worldly qualities.

죽는 그 순간까지 수행을 합니다.

Death gives precedence to the practice.

행복은 결코 손닿을 수 없는 먼 곳에 있지 않습니다.
단지 우리의 깨달음의 마음과
자비와 연민을 키운다면
무엇에든 도달할 수 있습니다.

Happiness is never too far out of reach.
We just need to increase
our wisdom and compassion
and then we can reach anything.

부처님께서는 당신이 행복이라고 부여잡은 것들은
고통이라고 말씀하셨습니다.

What the Buddha said is suffering,
you take to be happiness.

당신이 무언가를 원하는 것이
정말 고통이라는 것을 분명히 이해한다면,
당신은 원하는 것을 포기할 수 있습니다.

If you see with clear understanding
that what you want is really suffering,
you can give up wanting.

당신이 진짜라고 부여잡는 것은 모두 환상입니다.

All of this that you take to be real is an illusion.

절을 하는 것은 자존심을 극복하고 판단하는
아름다운 방법입니다.

Bowing is a beautiful way of
overcoming ego and judging.

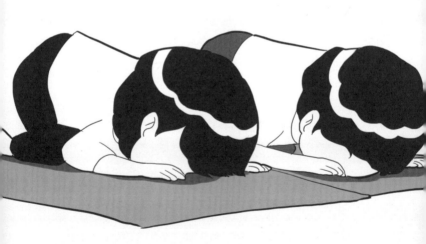

불교는 건강하고 행복한 인생을 살거나,
현명함을 배워서 커피 레이블 주위에서
친구들에게 똑똑한 말을 하는 것이 아니라,
전적으로 깨달음에 관한 것입니다.

Buddhism is all about Enlightenment,
not just about living a healthy or happy life,
or learning to be wise and saying smart things
to your friends around the coffee table.

생각은 깊은 명상을 방해하는
가장 큰 장애물 중 하나입니다.

Thinking is one of the
biggest hindrances to deep meditation.

생각은 종종 우리가 진실과
사물의 본질을 보는 것을 방해합니다.

So often thinking stops one from seeing the truth,
from seeing the true nature of things.

276

우리가 모든 현상의 발생과
종말을 온전히 이해하면,
인생이 줄 수 있는 최악의 상황을
경험해도 흔들리지 않습니다.

Once we understand the arising
and ending of all phenomena,
experiencing the worst that life
can give does not make us tremble.

행복을 붙잡는 것은
고통을 붙잡는 것과 같습니다.

To grab onto happiness
is to grab onto suffering as well.

훌륭한 스승이 되는 목적은
빨리 제자를 졸업시키는 것이지,
더 많은 제자를 만드는 것이 아닙니다.

The whole purpose of being a good teacher
is to get rid of disciples, not to get more.

저는 나 자신과 다른 사람의
행복을 구별할 수 없습니다.
그래서 저는 밖으로 나가 가능한 봉사를 많이 합니다.

I cannot distinguish between
my own and others' happiness.
That's why I go out and serve as much as possible.

더 많이 내려놓을수록,
당신의 삶은 더 풍요로워집니다.

The more you let go,
the richer your life.

그들이 기억하는 것은
고인의 부나 권력이 아니라
고인의 친절입니다.

What they remember
is not the deceased's wealth nor power,
but the person's kindness.

모든 사람은 자신의 노후에 대한 책임을 져야 합니다.
다른 사람에게 그 책임을 부여하는 것은 위험합니다.

Everyone must take responsibility
for their own future well-being.
It's dangerous to give that responsibility
to someone else.

몸을 버리고 죽음을 경험할 때가 되면,
진리의 가르침을 받은 사람은
우아하게 내려놓을 수 있습니다.

When it comes time to let go of
one's body and pass through the death experience,
a person trained in the Dhamma lets go gracefully.

행복은 명상에 있어서 중요한 것입니다.
만약 당신이 명상에서 일찍 행복을 맛본다면,
당신은 항상 명상을 하고 싶을 것입니다.

Happiness is an important thing in meditation.
If you get happiness early on in your meditation
practise, you will always want to meditate.

우리의 마음은 항상
현재라는 새로운 선물을 즐길 수 있도록
여유공간이 넉넉한 빈 선반 같아야 합니다.

Our minds should be like an empty shelf,
always with enough space to enjoy
the new gift called the present.

저를 슬프게 만드는 유일한 것은
사람들이 의미있게 살지 않고
소중한 삶을 낭비할 때입니다.

The only thing that makes me sad
is when people do not live meaningfully
and waste their precious life.

당신은 자선을 행하기 위해 부(富)를 내려놓았습니다.
당신은 계율을 지키기 위해
저급한 행동을 하지 않았습니다.
당신은 명상을 실행하기 위해 욕망들을 내려놓았습니다.

You let go of wealth to perform charity.
You let go of gross behaviour
to keep precepts.
You let go of desires to practise meditation.

불법(담마)은
내려놓음의 완전한 훈련과정입니다.

The Dhamma is
a complete training course in letting go.

인생이 당신에게 똥을 퍼부었을 때,
그것을 무시하고 밟아버리면,
당신은 항상 인생에서 더 높은 곳에 서게 됩니다.

When life shovels shit on you,
shrug it off, tread it in, and you will
always stand higher in life.

분노는 일시적인 광기입니다.

Anger is temporary insanity.

당신이 선택을 했으면 그냥 그대로 나아가십시오.
과거를 되돌아보지 마세요.
과거는 생각일 뿐 돌아가는 것은 불가능합니다.

Make your choices and just get on with it.
Don't look back to the past.
The past is in-IF-able.

경영자가 되는 데 있어 가장 어려운 일은
사람들이 실수를 할 때
이를 허용해 주는 것입니다.

The hardest thing
in being an executive
is allowing people to make mistakes.

저처럼 행복해지고 싶다면
너무 많이 소비하지 마십시오.

If you want to be happy like me,
don't consume so much.

관계는 도자기처럼
깨지기 쉽다는 것을 이해하는 것이
우리가 서로를 돌봐야 하는 이유입니다.

Understanding that relationships
are fragile like a ceramic mug
is why we must care for each other.

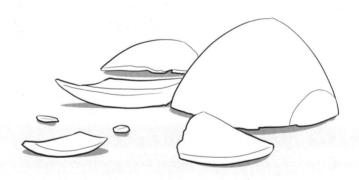

단어만 '씹어먹는'
철학 교수가 되지 마십시오.
음식 전체를 맛보세요!

Don't be the philosophy professor
who 'eats' only the words.
Taste the food!

항상 옳다는 것을 내려놓으세요.

Let go of having to be right.

깨달음을 실현하기 위해
고작 "그 나무를 조금 흔들어" 보거나
"막대기를 던져"보거나
"그 나무에 기어 올라가" 보는 정도의 행위로는
영적 생활을 위해 얻을 것이 없습니다.

Nothing is gained in the spiritual life
when you go "shaking the tree"
or "throwing up sticks"
or "climbing the tree"
to make Enlightenment happen.

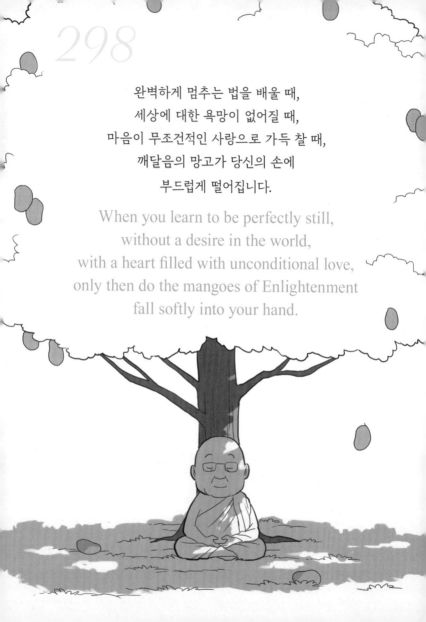

298

완벽하게 멈추는 법을 배울 때,
세상에 대한 욕망이 없어질 때,
마음이 무조건적인 사랑으로 가득 찰 때,
깨달음의 망고가 당신의 손에
부드럽게 떨어집니다.

When you learn to be perfectly still,
without a desire in the world,
with a heart filled with unconditional love,
only then do the mangoes of Enlightenment
fall softly into your hand.

당신이 다른 사람 때문에 짜증이 나는 것처럼,
그들 또한 당신 때문에 짜증이 난다는 것을 이해하십시오.

Understand that just as you feel irritated by others,
they also feel irritated by you.

사랑의 가장 큰 선물 중 하나는
죽음을 허락해 주는 것입니다.
그것은 사랑하는 사람을
미침내 자유롭게 해주는 선물입니다.

One of love's greatest gifts is
giving permission to die.
It is the gift that finally
sets your loved ones free.

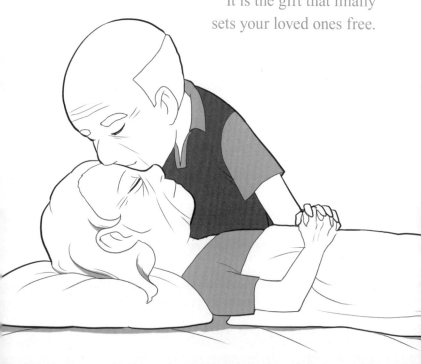

처벌이 있을 때,
진실은 숨겨집니다.

When there is punishment,
the truth will be hidden.

용서가 있을 때,
오직 그때만 진실이 드러납니다.

When there is forgiveness,
only then will the truth appear.

당신이 불법을 이해하고,
공감하고 살면
죽음에 대한 슬픔은 없을 것입니다.

When you understand Dhamma,
and you live that understanding,
then there is nothing sad about dying.

행복한 회사가
성공한 회사입니다.

Happy company
is successful company.

가진 것이 많을수록
우리의 삶은 더 복잡해지고,
우리가 자유라고 부르는
아름다운 공간을 덜 경험하게 됩니다.

The more things we have,
the more complicated our life is,
and the less we experience
the beautiful spaces that we call freedom.

좋은 시간을 보내고 싶다면 은혜를 베푸세요.

If you want to have a good time, be good.

사랑은 우리 자신과 다른 사람들
그리고 인생의 불완점함을
포용하는 능력입니다.

Love is the ability
to embrace the imperfections
of ourselves, others and life.

잘못을 찾으려는 마음 대신,
감사할 줄 아는
아름다운 태도를 기르세요.

Instead of having a fault-finding mind,
develop the beautiful
attitude of gratitude.

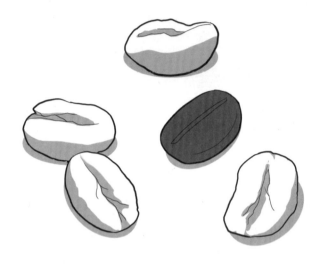

당신이 무엇에 가치를 두고,
무엇을 생각하는지가 중요합니다.
그로 인해 발전하고 성장할 것입니다.

Whatever you value
and whatever you think is important,
that is what will develop and grow.

정원의 꽃에 물을 주십시오.
잡초에 물을 주지 마십시오.

Water the flowers in your garden.
Don't water the weeds.

당신이 다른 사람에게서 보는 것을,
그들이 당신에게 되돌려서 보여줄 것입니다.

What you see in others,
that's what they will show you back.

입안으로 들어가는 것에 대해
너무 걱정하지 마십시오.
그보다 입을 통해 나오는 것에 대해
걱정하는 것이 더 중요합니다.

Don't worry too much about
what goes into your mouth.
It's more important to worry
about what comes out of it.

대부분의 분노는
문제 전체를 보지 못하고
문제의 진실을 이해하지 못하는 데서 옵니다.

A lot of anger comes
from not seeing the full picture,
from not understanding the truth of the matter.

당신을 항상 치유할 수는 없지만,
당신을 항상 보살펴 드릴 수는 있습니다.

You can't always cure,
but you can always care.

비극적인 일이 있을 때마다
그것은 우리에게 베풀고, 도와주고,
봉사할 관심과 기회를 줍니다.

Whenever there is a tragedy, it gives us the
opportunity to care,
give, help and serve.

당신이 무엇을 하든지
항상 행복과 기쁨을 넣으세요.

Always put happiness and joy
into whatever you are doing.

친절의 작은 행위는 사실 거대합니다.
그것은 당신과 다른 사람 모두를 행복하게 만듭니다.
이것을 우리는 즉각적인 인과응보의 보상이라고 합니다.

Little acts of kindness are huge.
They make both you and others happy.
This is what we call instant karmic rewards.

가치는 당신 미래의 삶에 저장하는 것이 아닙니다.
그것은 지금 바로 이 순간 당신의 가슴에 쌓는 것입니다.

Merit is not something
you store up for a future life.
It's what you put in your heart for now.

영감은 당신의 마음을 고양시킬
순수한 에너지의 아름다운 원천입니다.

Inspiration is a beautiful source of
pure energy that uplifts your heart.

하루 종일
아름다운 마음을 기르면,
명상 중에도
아름다운 마음을 갖게
될 것입니다.

When you cultivate
a beautiful mind
throughout the day,
you will have
a beautiful mind
in meditation.

당신의 진짜 집은 당신이 살고 있는 집이 아니라,
마음 속의 고요함과 평화에 있습니다.

Your real home is not the house you live in,
but the stillness and peace in your heart.

당신이 무엇에 대해 명상하느냐보다
어떻게 명상하느냐가 중요합니다.

It's not important what you are meditating on,
but how you are meditating.

당신에게 필요한 것은 친절함입니다.

All you need is kindfulness.

기쁨은 당신의 관심을
그 대상에 고정시키는 접착제입니다.

Delight is the glue that makes
your attention stick to the object.

즐거움, 기쁨, 그리고 지혜의 힘은
위대한 마음 챙김이 일어나게 합니다.

Playfulness, joy and the power of wisdom
create great mindfulness.

더 많은 일을 하고,
더 많은 노력을 할수록,
마음은 더 많이 지치게 됩니다.

The more you do,
the more you strive,
the more you wear your mind out.

방하착(放下著, 내려놓겠다는),
그 생각마저 내려놓으세요.

Don't do letting go,
let go of doing.

올바른 정진은
멈추고, 자제하고, 내려놓고,
끊어버리려는 노력입니다.

Right effort is the effort to stop,
to restrain, to give up,
to let go, to renounce.

사람의 본성은 원래 움직이지 않습니다.
그것은 욕망의 바람 때문에 움직입니다.

The nature of the human mind is to be still.
It only moves because of the wind of wanting.

명상은 더 많은 것을 가지는 것이 아니라,
소유물들을 내려놓고,
더 자유로워지는 것에 관한 것입니다.

Meditation is not about attaining more things,
but about letting go of things
and becoming more free.

당신이 더 많은 것을 원할 때,
당신은 이미 가지고 있는 것을 즐길 수 없습니다.

When you wan something more,
you cannot enjoy what you already have.

우리는 우리의 번뇌와 싸우지 않고
그것들을 이해해야 합니다.
그리고 우리가 그것을 알아차리면 번뇌는 사라집니다.

We don't fight our defilements,
we understand them.
And when we know them, they disappear.

문제를 끌어안고 가까이 다가가면,
그 문제를 이해할 수 있는 기회를 갖게 됩니다.

When you embrace the problem
and bring it close to you,
you have a chance to understand it.

당신은 사물에게 이름을 줄 필요가 없습니다,
그냥 그것들을 알아차리면 됩니다.

You don't need to give things a name,
but just to know them.

인생은 예상치 못한 순간의 흐름입니다.

Life is a flow of unexpected moments.

즐거움은 고통,
두 순간 사이의
잠시 멈춤입니다.

Pleasure is
the pause between
two moments of pain.

고통은 기쁨,
두 순간 사이의
공간입니다.

Pain is the space
between two moments
of pleasure.

심리적 장애가 무엇이든
그것은 잠시 동안 지속될 뿐입니다.
하지만 당신의 마음에서 울리도록 한다면,
오랫동안 계속될 것입니다.

Whatever disturbance there is,
it only lasts for a few moments.
But if you allow it to echo in your mind,
it will keep on going for a long time.

우리는 우리 스스로가 만든
관념의 포로입니다.

We are prisoners
of our own concepts.

지옥은 문이 열려 있는 곳입니다.
당신은 죄의식 때문에 자신을 스스로 그곳으로 보냅니다.
만약, 사랑과 용서가 무엇을 의미하는지 안다면
당신은 언제든지 걸어나올 수 있습니다.

Hell is a place with an open door.
You send yourself there because of guilt.
If you know what love and forgiveness mean,
you can walk out at any time.

당신이 당신의 과거에 얽매이지 않는다면,
당신은 놀라울 만큼 자유로워질 것입니다.

It's amazing how free you can be,
if you don't limit yourself to your past.

자연스러운 삶의 본성은
스스로 생활에 정착하고 균형을 찾는 것입니다.

The nature of life is to settle down and
to find a balance by it self.

스스로에 대한 고정관념이 없으면
어떤 상황이든 적응할 수 있습니다.

When you don't have a solid sense of self,
you can adapt to whatever situation
you happen to be in.

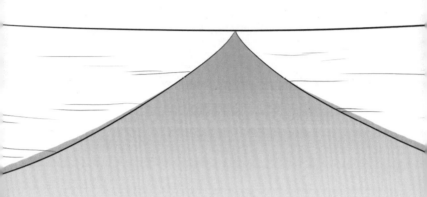

당신이 사라지고 텅 비게 되면
좁은 오솔길도
다중 차선 고속도로만큼 넓어집니다.

When you disappear, when there is no traveller,
then the path becomes
as wide as a multi-lane highway.

가장 좋은 관계는
평화로운 관계입니다.

The best relationship is
the relationship with peace.

가장 좋은 책은 평화의 책입니다.
가장 좋은 음악은 침묵의 음악입니다.
최고의 소유물은 아무것도 소유하지 않는
무소유입니다.

The best book is the book of peace.
The best music is the music of silence.
The best possession is
the possession of emptiness.

화를 내는 것보다
바보처럼 웃는 것이 좋습니다.

It is better to smile like an idiot
than to get angry back.

지혜는 결코 생각에서 비롯되지 않습니다.
지혜는 고요한 침묵에서 비롯됩니다.

Wisdom never comes from thinking.
Wisdom comes from silence.

모든 것은 영원하지 않고 통제되지 않습니다.
그것들이 당신과 아무 상관이 없다는 사실을
이해할 때, 당신은 자유입니다.

All things are impermanent; they're out of control.
They've got nothing to do with you.
When you understand this, you're free.

명상은 무언가를 하는 것도 아니고
아무것도 하지 않는 것도 아닙니다.
명상은 "행함이 없음"입니다.

Meditation is not doing something,
nor is it doing nothing.
Meditation is "nothing doing".

제가 가장 좋아하는 말 중 하나는
"내가 알 바 아냐" 입니다.

One of my favourite sayings is
"none of my business".

묵언을 소중히 여긴다면
괜한 생각에 빠질 필요가 없습니다.

When you value silence,
you don't need to think at all.

인내심에는 다음 순간을 기다리는 경우와
지금 이 순간을 기다리는 경우의 두 가지 유형이 있습니다.
첫 번째 유형은 뭔가를 기대하는 것입니다.
두 번째 유형은 내려놓음을 실행하는 것입니다.

There are two types of patience:
waiting in the future and waiting in the present.
The first is expecting something.
The second is practising letting go.

나는 죽을 것입니다, 그건 확실합니다.
정말 다행입니다!

I will die, that's for sure.
What a relief!

명상은 어려운 것이 아닙니다.

Nothing in meditation is complicated.

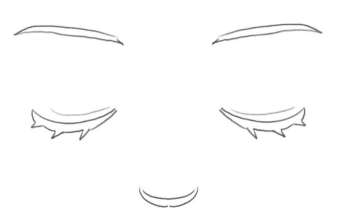

인생의 아름다움을 향해 몸을 기울이세요.
아름다운 하늘을 보지만 추위는 느끼지 마세요.

Just incline towards the beauty in life.
Look at the beautiful sky, but don't feel the cold.

당신에 대한 불평을 즐기세요.
그것은 당신이 정말 그렇게 심술쟁이는
아니라는 뜻입니다.

Enjoy your grumpiness.
That means you're not
really all that grumpy.

부자가 되는 가장 짧은 지름길은
일에 성심을 다하는 것입니다!

The shortest shortcut to
becoming rich is to work hard!

깨달은 이는 가장 많이 잃은 자입니다.
당신의 애착 대상들을 모두 잃었다는 것은
그만큼 당신이 자유로워졌다는 의미입니다.

Being enlightened is being the biggest loser.
You have lost all your attachments,
and that means you are free.

어제부터 오늘까지 거기에 남아 있는 것은
아무것도 없습니다.
그것은 무아라는 의미입니다.

There is nothing in there from yesterday
that remains in there today.
That's what we mean by non-self.

당신이 다시 태어난 것은 당신의 잘못입니다.
다른 누구도 비난하지 마십시오.

It's your fault you got reborn.
Don't blame anyone else.

360

모든 것이 사라지면 여기에 아무도
없다는 것을 알 수 있습니다.
당신은 텅빈 공(空)입니다.

When everything disappears,
you realise there is no one in here.
You are empty.

이 세상에는 미신이 너무 많고,
사람들은 잘 속기 때문에
누군가는 미신을 이용해 돈을 벌기도 합니다.

There is too much superstition in this world,
and sometimes people make money from
it because other people are gullible.

당신의 생각은 지각에 기초하고 있으며,
당신의 지각은 당신의 관점에 의해 왜곡됩니다.
그래서 당신의 지각은 자연스럽게 구부러지게 됩니다.

How you think is based on your perceptions,
and your perceptions are bent by your views.
So your thoughts are bent by nature.

불만은 어리석음의 신호로써,
너무 많은 기대의 표시입니다.

Frustration is a sign of stupidity,
a sign of too many expectations.

다른 사람들이 당신을 어떻게 생각하는지 신경쓰지 마세요.
사람들은 어차피 당신을 생각하지 않습니다.
당신은 그렇게 중요하지 않답니다!

Don't be afraid of what others think of you.
People don't think of you anyway.
You are not that important!

마지막 드리는 말씀: 항상 웃는 것을 잊지 마세요!

My last words: don't forget to laugh!

Happy Everyday

하루 1분 마음챙김

세계적 명상스승 아잔 브람의 365일 행복 명상록

1판 1쇄 발행 2021년 1월 5일
2판 1쇄 발행 2023년 9월 15일

지은이 아잔 브람
펴낸이 조선미
펴낸곳 느낌출판

디자인 design S

출판등록 2019년 10월 1일 제2019-000075호
주소 (08501) 서울특별시 금천구 가산디지털2로 184, 905호(벽산디지털밸리 2차)
대표전화 070-8828-3344 **팩스** 070-4792-2612 **이메일** an3382@hanmail.net

ⓒ 2021, 각산스님

ISBN 979-11-984264-9-9 02220

＊책값은 뒤표지에 있습니다.
＊이 책 내용의 일부 또는 전부를 재사용하려면 반드시 느낌출판 동의를 얻어야 합니다.
＊잘못 만들어진 책은 구입하신 서점에서 교환해드립니다.